Trainingslehre in Beweglichkeitstestung und Trainingsplanung

Lea Bartz

Bibliografische Information der Deutschen Nationalbibliothek:

Die Deutsche Nationalbibliothek verzeichnet diese Publikation in der Deutschen Nationalbibliografie; detaillierte bibliografische Daten sind im Internet über http://dnb.d-nb.de abrufbar.

ISBN: 9783346621894
Dieses Buch ist auch als E-Book erhältlich.

Deutsche Hochschule für
Prävention und Gesundheitsmanagement
Hermann Neuberger Sportschule 3
66123 Saarbrücken

Einsendeaufgabe

Fachmodul:	Trainingslehre 3
Studiengang:	BGM
Datum Präsenzphase:	15.03.2021-17.03.2021
Name, Vorname:	Bartz Lea
Studienort:	**Saarbrücken**
Semester:	**SS 2019**

Inhaltsverzeichnis

1 Personendaten

1.1 Allgemeine und Biometrische Daten

In der folgenden Tabelle werden die allgemeinen und biometrischen Daten der Person aufgeführt. Diese sind zur Beurteilung des Gesundheitszustandes und der Leistungsfähigkeit notwendig. In Folge dessen kann die Planung eines Beweglichkeits- und Koordinationstraining optimal und individuell angepasst werden.

Tabelle 1: Allgemeine und biometrische Personendaten (eigene Darstellung)

Alter	51 Jahre
Geschlecht	Männlich
Körpergröße in cm	185
Körpergewicht in kg	89
Trainingsmotive	Allgemeine Beweglichkeit, mehr Mobilität im Bereich der Wirbelsäule, Beckengürtel und unteren Extremitäten, Verspannungen in Rücken und HWS lösen
Berufliche Tätigkeit	Industrieschlosser (sitzend)
Aktuelle sportliche Aktivitäten	3-mal pro Woche 45min Kraftsport ohne systematischem Trainingsplan 1-mal pro Woche 45min Ausdauersport in Form von Indoor Cycling ~5-mal pro Woche 1h spazieren (5-8km pro Einheit)
Frühere sportliche Aktivitäten	Kraftsport ohne systematischen Trainingsplan, lange Zeit nur Spaziergänge, 5-mal pro Woche 1 Stunde (5-8km pro Einheit)
Leistungsstufe	Beginner
Zeitlicher Verfügungsrahmen	3-mal die Woche, 25min nach den Kraft- und Ausdauersport (wurde mit der Person besprochen)
Orthopädische/Internistische Probleme	Morbus Scheuermann
Ärztliche Behandlung	Keine
Medikamente	Keine
Gesundheitliche Einschränkungen	leichte Bewegungseinschränkung durch Morbus Scheuermann im BWS Bereich, keine Schmerzen

1.1.1 Bewertung der Belastbarkeit

Bezüglich des Gesundheitszustandes liegen bei der Person leichte Einschränkungen durch den Morbus Scheuermann in der Brustwirbelsäule vor. Aufgrund dieser Einschränkung ist eine richtige Haltung der Lendenwirbelsäule bei der Beweglichkeitstestung und im späteren Trainingsplan erforderlich. Die Person ist nicht in Ärztlicher Behandlung, noch nimmt er Medikamente. Aktuell ist er mit einer Mischung aus Kraft- und Ausdauersport vielseitig sportlich aktiv. Anhand der biometrischen Daten der Person und der Information, dass er trotz des Morbus Scheuermann keine Schmerzen hat, wird von einer guten bis sehr guten Belastbar- und Trainierbarkeit ausgegangen.

2 Beweglichkeitstestung

2.1 Tabelle zur Beweglichkeitstestung

Tabelle 2: Beweglichkeitstest mit Darstellung der Richtwerte (modifiziert nach Janda, 2000) und Ergebnissen

Testübung	Beschreibung Ausführung:	Bewertung:	Ergebnis:
M. pectoralis major	Die Testausführung startet in Rückenlage auf einer Behandlungsliege/Erhöhung. Die Beine sind angewinkelt, die Füße haben Kontakt zur Auflagefläche und das Becken ist somit fixiert. Durch leichten Zug unter der Brust fixiert der Tester, diagonal zur Testseite, den Oberkörper. Der zu testende Arm ist im Schultergelenk abduziert und außenrotiert. Das Ellenbogengelenk ist in einer Beugung von 90 Grad. Um Verletzungen zu vermeiden, unterstützt der Tester mit seiner anderen Hand den Ellenbogen und führt den Arm so weit in die Abduktion, wie es die Beweglichkeit des Kunden zulässt. Als Messbereich gilt die Position des Oberarmes zur Horizontalen. Ein abheben des Beckens oder eine Hyperlordose im LWS-Bereich ist zu vermeiden. Da aufgrund des Morbus Scheuermann eine leichte Hyperlordose vorhanden ist, wird die Stabilisierung der LWS durch die Anweisung „Bauchmuskulatur anspannen" verbessert.	Stufe 0 = Oberarme erreicht die Horizontale. Stufe 1 = leichte Beweglichkeitsdefizite. Oberarm erreicht die Horizontale durch Druck des Testers. Stufe 2 = starke Bewegungsdefizite. Oberarm erreicht die Horizontale auch durch Druck des Testers nicht.	rechts: 0 links: 0

M. iliopsoas	Die Testausführung startet in Rückenlage auf einer Behandlungsliege/Erhöhung. Das Gesäß schließt mit dem Rand der Liege ab. So sind die Beine im Überhang. Die Person zieht ein Bein maximal weit zur Brust heran, das andere Bein bleibt im Überhang. Es wird die Hüftflexion des hängenden Beins beobachtet. Als Messbereich gilt der Hüftbeugewinkel des Oberschenkels zur Körperlängsachse. Ein anheben des Beckens oder eine Hyperlordose im LWS-Bereich ist zu vermeiden. Durch die maximale Hüftflexion des angewinkelten Beins werden Becken und LWS weitgehen stabilisiert. Die Person hat so trotz Morbus Scheuermann eine fixierte LWS und die maximale Extension des Hüftgelenkes kann getestet werden.	Stufe 0 = Oberschenkel erreicht die Horizontale Stufe 1 = Oberschenkel erreicht die Horizontale durch Druck des Testers Stufe 2 = Oberschenkel erreicht die Horizontale auch durch Druck des Testers nicht	rechts: 1 links: 1
M. rectus femoris	Die Testausführung startet in Rückenlage auf einer Behandlungsliege/Erhöhung. Das Gesäß schließt mit dem Rand der Liege ab. So sind die Beine im Überhang. Der Kunde zieht ein Bein maximal weit zur Brust heran, das andere Bein bleibt im Überhang mit einem 90 Grad Winkel im Knie. Der Tester führt den angewinkelten Unterschenkel in einen maximal möglichen spitzen Winkel im Kniegelenk. Als Messbereich wird der Kniebeugewinkel zwischen Ober- und Unterschenkel gewählt. Ein Anheben des Beckens oder eine Hyperlordose im LWS-Bereich ist zu vermeiden. Durch die maximale Hüftflexion des angewinkelten Beins werden Becken und LWS weitgehen stabilisiert. Die Person hat so trotz Morbus Scheuermann eine fixierte LWS.	Stufe 0 = der Unterschenkel hängt senkrecht herab Stufe 1 = der Unterschenkel erreicht 90° im Kniegelenk durch Druck des Testers Stufe 2 = der Unterschenkel erreicht 90° im Kniegelenk auch durch Druck des Testers nicht	rechts: 0 links: 0

Mm. ischio-crurales	Die Testausführung startet in Rückenlage auf einer Behandlungsliege/Erhöhung. Ein Bein ist im Knie- und Hüftgelenk gebeugt. Das Test Bein wird vom Tester in die maximale Hüftflexion, mit gestrecktem Kniegelenk, geführt. Als Messwinkel gilt der Hüftbeugewinkel zwischen der Beinachse und der Longitudinalachse. Ein Anheben des Beckens oder eine Hyperlordose im LWS-Bereich ist zu vermeiden. Das nicht getestete Bein bleibt in seiner Position.	Stufe 0 = die Hüftflexion ist im Ausmaß von 90° möglich Stufe 1 = die Hüftflexion ist im Ausmaß zwischen 80-90° möglich Stufe 2 = die Hüftflexion ist nur unter 80° möglich	rechts: 3 links: 3
Mm. triceps surae	Die Testausführung startet in Rückenlage auf einem Behandlungstisch/Erhöhung. Das nicht zu testende Bein ist gebeugt, der Fuß steht auf der Unterlage. Das Test Bein ist gestreckt, der Tester greift das Bein distal am Fersenbereich und übt einen Zug an der Ferse aus. Mit der anderen Hand greift er die Fußaußenkante. Mit dem Daumen lenkt er den Fuß mit leichtem Druck in Richtung Schienbein um ihn in die maximale Dorsalextension zu führen.	Stufe 0 = die Dorsalextension ist bis 0° möglich Stufe 1 = die Dorsalextension ist möglich; 0° wird nicht ganz erreicht Stufe 2 = die Dorsalextension ist nur bis 10° unter 0°-Stellung möglich	rechts: 0 links: 0

2.2 Testergebnisse und Bewertung

Die Testergebnisse zeigen deutlich, wo genau die Person Defizite hat und welche Muskeln in den ersten Trainings-Zyklen priorisiert werden müssen. Hierzu zählt der Hüftbeuger (M. iliopsoas) und die Beinbeuger (M. ischiocrurale). Bei der Testung des Hüftbeugers hat der Kunde zwar nur leichte Bewegungsdefizite, jedoch müssen auch die ausgeglichen werden, um die leichte Hyperlordose aufgrund des Morbus Scheuermanns zu verbessern bzw. eine Verschlimmerung zu vermeiden. Durch die Dehnung des Hüftbeugers ist ein Trainingsmotiv, mehr Beweglichkeit in der Wirbelsäule, für den Lendenwirbel-Bereich im Trainingsplan hinterlegt. Die Beinbeuger (M. ischiocrurale) weisen die höchste Stufe einer Bewegungseinschränkung auf und benötigen ein spezielles Dehnprogramm. Durch die gekrümmte, stetig sitzende Haltung ist es wichtig die Rücken- und Lendenmuskulatur sowie die Beinbeuger und Wadenmuskulatur zu dehnen. Hierbei ist eine stetige, richtige Haltung der Hüfte wichtig, um dem gewollten Dehneffekt zu erreichen. Um Muskuläre Dysbalancen zu vermeiden, ist es sinnvoll die Antagonisten zu kräftigen (Denner, 1997). Hierzu gehören die Gesäßmuskulatur, Knieextensoren und Schienbeinmuskulatur. Der Brustmuskel (M. pectoralis major), die Beintrecker (M. rectus femoris) und die Wadenmuskulatur (M. trizeps suare) weisen eine sehr gute Beweglichkeitsstufe auf. Aus diesem Grund werden diese Muskelgruppen lediglich mobilisiert, um ihre Beweglichkeit zu erhalten. Aufgrund des Morbus Scheuermann und dem Trainingsmotiv „mehr Beweglichkeit in der Wirbelsäule" wird ergänzend auch die Rückenmuskulatur (M. latissimus dorsi) in den Trainingsplanung intergiert.

3 Trainingsplanung und Beweglichkeitstraining

Anhand der Personendaten und des Beweglichkeitstest wurde ein Dehnprogramm für die betrachtete Person erstellt. Da sie noch keine Erfahrungen in Form eines Dehntrainings gemacht hat, wird sie langsam ins Programm eingeführt. Nach Absprache wurde eine Trainingshäufigkeit von 3-mal pro Woche festgelegt mit jeweils 3-4 Sätze. Gestartet wird mit einer weichen Dehnintensität. So kann die Person sich an ihren neuen Trainingsplan und den Dehnungsreiz gewöhnen.

3.1 Tabelle Belastungsgefüge und Trainingsplanung

Tabelle 3: Belastungsgefüge (eigene Darstellung)

Trainingshäufigkeit/Woche:	3-mal/Woche
Sätze/Übung:	3-4 Sätze, Abbruch bei Anzeichen von Ermüdung
Dehndauer:	45 Sekunden/60 Sekunden postisometrsiches Dehnen
Dehnintensität:	Weiches Dehnen

Tabelle 4: Trainingsplanung Beweglichkeitstraining (eigene Darstellung)

	Zielmuskulatur:	Dehnmethoden:	Bewegungsbeschreibung:

1.	M. ischiocrurale (links und rechts)	aktiv-dyna-misch	Die Ausgangsposition zur Dehnung ist der Stand. Die Person beugt leicht die Beine und setzt das Gesäß etwas zurück. Ein Bein wird nach vorne aufgesetzt und gestreckt. Das hintere Bein (Standbein) bleibt gebeugt. Der Oberkörper lehnt nach vorne und das Becken wird gekippt. Die Wirbelsäule bleibt stabil und der Kopf ist in Verlängerung der Wirbelsäule. Für eine dynamische Durchführung wird das Becken im Wechsel aufgerichtet und gekippt. Folglich wird die Dehnposition gelöst und wieder eingenommen. Die Beinbeuger (M. ischiocrurale) werden so durch den Beinstrecker (M. quadrizeps femoris) in die Dehnposition gebracht. Durch Aufrichten des Oberkörpers und Zurückstellen des vorderen Beins, wird die Dehnposition verlassen.
2.	M. ischiocrurale (links und rechts)	aktiv-sta-tisch	Die Ausgangsposition zur Dehnung ist die Rückenlage. Der Kopf ist abgelegt und die Schultern ziehen weg von den Ohren. Die Person zieht ein Bein angewinkelt zum Bauch und umfasst den Oberschenkel. Das andere Bein liegt gestreckt auf der Matte. Durch eine aktive Anspannung der Beinstrecker streckt sich der Unterschenkel und es folgt eine Dehnung in den Beinbeugern (M. ischiocrurale). Diese Position wird gehalten.
3.	M. iliopsoas (links und rechts)	passiv-sta-tisch	Die Ausgangsposition zur Dehnung ist der Vierfüßlerstand. Die Person führt einen Fuß zwischen seine Hände und richtet den Oberkörper auf. Das vordere Bein ist gebeugt und der Fuß steht fest vor dem Kniegelenk auf. Der Unterschenkel des hinteren Beins liegt auf der Matte. Zur Unterstützung kann er sich mit den Händen auf dem vorderen Bein abstützen. Um nun eine Dehnung in der Hüftbeugemuskulatur zu erreichen, verlagert die Person ihren Körperschwerpunkt nach vorne und senkt die Hüfte zur Matte. Die Blickrichtung geht nach vorne und der Oberkörper bleibt aufrecht. Diese Position wird gehalten.
4.	M. latissimus dorsi (links und rechts)	passiv-sta-tisch	Die Ausgangsposition zur Dehnung ist der Fersensitz. Die Person lehnt den Oberkörper nach vorne bis sie die Unterarme auf dem Boden ablegen kann. Um

			die Dehnung im Rückenmuskel zu erreichen, führt sie eine Hand diagonal nach vorne und zieht sich lang. Das Gesäß bleibt stabil. So bewegt sich Ansatz und Ursprung des Muskels voneinander weg. Um nun den Dehnungsreiz zu intensivieren, bewegt die Person sich mit ihren Fingern weiter in die Diagonale. Diese Position wird gehalten.
5.	M. erector spinae	aktiv-dynamisch	Die Ausgangsposition zur Dehnung ist der Vierfüßlerstand. Die Knie sind unter der Hüfte und die Hände unter den Schultern. Der Kopf ist in Verlängerung der Wirbelsäule, der Blick geht zur Matte. Durch eine aktive Anspannung der Bauchmuskulatur, wölbt sich die Wirbelsäule und es folgt eine Dehnung der Rückenstrecker (M. erector spinae). Für die dynamische Ausführung wird die Bauchmuskulatur im Wechsel etwas gelöst, wodurch sich die Wirbelsäule leicht zur Matte streckt.
6.	M. rectus femoris	passiv-dynamisch	Die Ausgangsposition zur Dehnung ist der Stand und die Blickrichtung geht nach vorne. Ein Bein wird gebeugt und von der Person am Unterschenkel, knapp über dem Sprunggelenk, gefasst. Die Ferse des gebeugten Beins liegt auf Höhe des Gesäßmuskels. Die Oberschenkel sind parallel zueinander, sodass das angewinkelte Knie vertikal nach unten zeigt. Das Standbein ist leicht gebeugt. Um eine Dehnung im den Beinstreckern zu erreichen, wird das Becken gekippt und die Ferse zum Gesäß gezogen. Für eine dynamische Durchführung wird das Becken im Wechsel gekippt und aufgerichtet. Folglich wird die Dehnung gelöst und wieder eingenommen.
7.	M. trapezius pars descendens	aktiv-statisch	Die Ausgangsposition zur Dehnung ist ein hüftbreiter Stand. Der Rücken ist gerade, der Kopf noch in Verlängerung der Wirbelsäule und die Blickrichtung geht nach vorne. Die Person neigt den Kopf zur rechten Seite, Ohr in Richtung der Schulter. Dabei wird die Halsmuskulatur auf der rechten Seite aktiv angespannt. Gleichzeitig zieht der Schultergürtel (M. serratus anterior), gegenüberliegend zur Kopfneigung,

			aktiv nach unten. Dir Blickrichtung bleibt nach vorne gerichtet. Diese Position wird gehalten.
8.	M. trapezius; M. rhomboidei	aktiv-dynamisch	Die Ausgangsposition zur Dehnung ist der Stand. Der Blick geht nach vorne und die Schultern sind weg von den Ohren. Die Arme werden auf Schulterhöhe angehoben und die Hände vor dem Körper verschränkt. Um nun die Dehnung der Schulterblattfixatoren zu erreichen, zieht die Person die Schulterblätter aktiv, durch anspannen des Brustmuskels, von der Wirbelsäule weg. Der Kopf ist leicht nach vorne geneigt. Um die Dehnung nun dynamisch auszuführen, zieht die Person die Schulterblätter ein Stück zurück zur Wirbelsäule und hebt den Kopf leicht an. Folglich wird die Dehnung gelöst und kann so im Wechsel wieder eingenommen werden.
9.	M. gastrocnemius (links und rechts)	passiv-statisch	Die Ausgangsposition zur Dehnung ist der Stand. Die Person stellt ein Bein gestreckt nach hinten auf. Die ganze Fußsohle ist auf dem Boden aufgesetzt. Das vordere Bein ist im Kniegelenk gebeugt und der Oberkörper lehnt leicht nach vorne. Der Kopf ist in Verlängerung der Wirbelsäule und bildet mit Oberkörper und Oberschenkel des hinteren Beins eine Linie. Die Füße zeigen parallel nach vorne. Um nun die Wadenmuskulatur (M. gastrocnemius) in die Dehnung zu setzten, wird das vordere Bein gebeugt und der Körperschwerpunkt nach vorne verlagert. Folglich, durch den Bodenkontakt des hinteren Fußes, vergrößert sich die Dorsalextension. Diese Position wird gehalten. Der Wechsel von Kontraktion und Dehnung wird in dieser Übung für 60 Sekunden lang wiederholt.
10.	M. pectoralis major	passiv-postisometrisch	Die Ausgangsposition ist eine leichte Schrittstellung. Als Hilfsmittel wird eine Wand o.Ä. benötigt. Die Person stellt sich parallel zur Wand und legt ihren Unterarm senkrecht gegen die Wand. Das Ellenbogengelenk ist leicht gebeugt und liegt etwas über der Schulter. Die Dehnposition wird eingenommen indem die Person den Körperschwerpunkt leicht nach vorne verlagert. Für eine postisometrische Dehnung wird die zu dehnende Brustmuskulatur 6 Sekunden

			isometrisch kontrahiert. Es folgt eine völlige Entspannung für 2 Sekunden. Die passive Dehnung wird wieder eingenommen und für 20 Sekunden gehalten.

3.2 Begründung Trainingsprogramm Beweglichkeitstraining

Um die vorhandene Mobilität der Person weiterhin beizubehalten, beinhaltet das Programm verschiedene Muskelgruppen. Die Ischiocrurale Muskulatur weist die höchste Bewegungseinschränkung auf. Folglich wird diese Muskelgruppe mit zwei Dehnübungen priorisiert. Ziel des Programmes ist die maximale Bewegungsreichweite zu vergrößern (Schönthaler & Ohlendorf, 2002) und die Beweglichkeit zu fördern. Hierzu wird eine Dehndauer von 45 Sekunden angepeilt (Schönthaler & Ohlendorf, 2002). Jede Übung besteht vorerst aus drei Sätzen. Um zukünftig größere Effekte zu erzielen, wird nach zwei Wochen auf vier Sätze erhöht (Franco, Signorelli, Trajano & De Oliveira, 2008). Für die Person, die noch keinen Kontakt mit Dehnübungen hatte, wird weiches Dehnen gewählt. Laut Marshall (1999) wird die Beweglichkeitsreichweite auch durch weiches Dehnen verbessert. Die Übung für den M. trapezius pars descendens und für den M. latissimus dorsi sorgen für mehr Beweglichkeit und gleichzeitig für eine Nachlassung der Spannung in diesem Bereich.

4 Trainingsplanung Koordinationstraining

Um das Beweglichkeitstraining zu vervollständigen folgt ein Koordinationstraining, welches zugleich ein leichtes Krafttraining ist und somit das Programm vervollständigt (Olivier, Marschall & Büsch, 2008, S.232)

4.1 Tabelle Belastungsparameter und Trainingsplan

Tabelle 5: Belastungsparameter propriozeptives Training (modifiziert nach Chwilkowski, 2006, S.61; Häflinger & Schuba, 2007, S.61)

Trainingsdauer	10-45min
Haltedauer bei statischen Übungen	5-60 Sekunden, Abbruch bei Ermüdung
Wiederholungszahl bei dynamischen Bewegungsabläufen	5-30 Wiederholungen, Abbruch bei Ermüdung
Sätze	Bis zu 5 Sätzen
Pausendauer	>45 Sekunden

Tabelle 6: Trainingsplanung Koordinationstraining (eigene Darstellung)

	Bewegungsbeschreibung:	Hilfsmittel/Kleingeräte
1.a	Die Ausgangsposition zur Übung „Baum im Wind" ist der Stand. Die Füße sind zusammen, die Knie leicht gebeugt, der Rücken ist gerade und die Blickrichtung geht nach vorne. Die Person verlagert im Wechsel ihre Körpermitte nach vorne in Richtung Zehen und nach hinten in Richtung Ferse. Der Körper ist dabei stabil und die Bewegung ist klein. Ein Arm ist seitlich ausgestreckt und in der Hand liegt ein Tennisball.	Tennisball
2.b	Die Ausgangsposition zur Übung 2b ist gleich der Übung 1a. Sie differenziert sich in der Bewegungsrichtung. Die Person verlagert im Wechsel ihre Körpermitte von links nach rechts. Der Körper ist dabei stabil und die Bewegung ist klein. Ein Arm ist seitlich ausgestreckt und in der Hand liegt ein Tennisball.	Tennisball
3.c	Die Ausgangsposition zur Übung 3c ist gleich der Übung 1a und 2b. Die Person verlagert jetzt ihre Körpermitte in einer kreisenden Bewegung. Sie wandert mit ihrem Gewicht von den Zehen zur rechten Seite, von der rechten Seite nach hinten auf die Fersen, von den Fersen zur linken Seite und von der linken Seite nach vorne auf die Zehen. Die Bewegung ist klein. Ein Arm ist seitlich ausgestreckt und in der Hand liegt ein Tennisball.	Tennisball
4.d	Die Ausgangposition zur Übung 4d ist gleich der Übung 1a, 2b und 3c. Um den Schwierigkeitsgrad zu erhöhen,	Tennisball

	werden die Augen für die Übung geschlossen. Die Bewegung ist klein. Ein Arm ist seitlich ausgestreckt und in der Hand liegt ein Tennisball.	
5.a	Die Ausgangsposition zur Übung „Einbeinstand" ist der Stand. Die Person hebt ein Bein angewinkelt an und bleibt auf dem Anderen stehen. Das Standbein ist leicht gebeugt und die Fußsohle berührt den Boden. Der Rücken ist gerade und die Blickrichtung geht nach vorne. Der Pezziball wird von einer Hand über den Kopf geführt. Die Hand ohne Ball greift über Kopf nach dem Pezziball und führt diesen zur Oberschenkelaußenseite zurück. Dieser Vorgang wird im Wechsel von links nach rechts und rechts nach links wiederholt. Dabei steht die Person weiterhin auf einem Bein und muss das Gleichgewicht ausbalancieren.	Pezziball/Gymnastikmatte
6.b	Die Ausgangsposition zur Übung 6b ist gleich der Übung 5a. Die Person führt den Ball vor den Körper, greift ihn mit der anderen Hand und führt ihn dann hinter den Körper. Hinter dem Körper greift wieder die andere Hand nach dem Ball und führt ihn vor den Körper. Dieser Vorgang wird im Wechsel für die Belastungsdauer wiederholt.	Pezziball/Gymnastikmatte
7.c	Die Ausgangsposition zur Übung 7c ist gleich der Übung 5a. Auch die Durchführung bleibt gleich. Die Übung wird erweitert, indem die Person ihre Augen während der Durchführung geschlossen hält.	Pezziball/Gymnastikmatte
8.d	Die Ausgangsposition zur Übung 8d ist gleich der Übung 6b. Auch die Durchführung bleibt gleich. Die Übung wird erweitert, indem die Person ihre Augen während der Übung geschlossen hält.	Pezziball/Gymnastikmatte
9.a	Die Ausgangsposition zur Übung „Kniebeuge auf einem Balancebrett" ist ein hüftbreiter Stand auf dem Balancebrett. Das Brustbein ist leicht angehoben, die Schulterplätter ziehen zusammen und im unteren Rücken ist ein leichtes Hohlkreuz. Die Hände liegen überkreuzt auf der entgegengesetzten Schulter, die Blickrichtung geht nach vorne und die Bauchmuskeln sind angespannt. Die Beine werden nun leicht gebeugt und das Gesäß setzt sich nach hinten. Der Oberkörper bleibt aufrecht und die Knie zeigen Richtung Fußspitze. Endpunkt der	Balancebrett

	Übung ist eine Parallele zwischen Oberschenkel und Boden. Die Beine werden wieder gestreckt und der Körper schiebt sich nach oben. Durch das Balancebrett herrsch eine ständige Unstabilität, welche die Person durch sein Gleichgewicht ausgleichen muss.	
10.b	Die Ausgangsposition zur Übung 10b ist gleich der Übung 9a. Die Abwärtsbewegung bleibt gleich. Ist der Endpunkt erreicht, wird dieser gehalten. Wichtig ist eine regelmäßige Atmung und eine anhaltende Spannung und Oberschenkel- und Gesäßmuskel, Bauch und Rückenmuskulatur.	Balancebrett

4.2 Begründung Trainingsprogramm Koordinationstraining

Durch die Übung „Baum im Wind" wird die intermuskuläre Koordination gestärkt. Es müssen gezielt Agonisten, Antagonisten und Synergisten bei dem Bewegungsablauf zusammenwirken (Chwilkowski, 2006, S. 9). Durch das Schließen der Augen wird zusätzlich noch das Gleichgewicht und das Wahrnehmen gestärkt.

Gemäß Fatouros et al. (2001) wirkt sich auch Krafttraining auf die Beweglichkeit aus. Somit wird durch Übung 9a und 10b Kraft, Koordination und Beweglichkeit trainiert.

5 Literaturrecherche zum Thema Dehnen und Effekte im Hinblick auf Verbesserung der sportlichen Leistungsfähigkeit

In der nachfolgenden Tabelle wird Studie A. „Die Auswirkungen von Dehn- und Aufwärmübungen auf die Vertikalsprungleistung" von Ewald Hennig und S. Podzielny und Studie B. „Veränderung der Reaktionszeit und Explosivkraftentfaltung nach einem passiven Stretchingprogramm und 10-minütigem Aufwärmen" von Dieter Rosenbaum und Ewald Hennig zusammengefasst und verglichen.

Tabelle 7: Vergleich zweier Studien (eigene Darstellung)

	A. Hennig & Podzielny (1994)	B. Rosenbaum & Henning (1997)
Fragestellung(en)	- Welche Auswirkungen haben Dehn- und Aufwärmübungen auf die Vertikalsprungleistung?	- Welche Effekte hat ein passives Dehnprogramm auf die Reaktionszeit und die Explosivkraftentfaltung? - Verändert ein passives Dehnprogramm die Reaktionszeit und die Explosivkarftentfaltung?
Stichproben	- 46 Sportstudenten und Leichtathleten (männlich)	- 55 männliche Sportler aus unterschiedlichen Disziplinen - Alter: 25,3 - Größe: 181,9cm - Gewicht: 747,5N
Versuchsaufbau (Materialen/Test)	- Test: anthropometrische Daten - Messungen maximaler Vertikalsprünge an einer piezoelektrischen Kraftmessplattform - Unterschied zwischen Pre-1/2 (Messung unvorbereiteter Zustand Tag 1/2), POS (nach dem Dehnen), PORnS (nach dem laufen, gedehnter Zustand), POR (nach dem laufen) und POSnR (nach dem Dehnen im aufgewärmten Zustand).	- Messung im unvorbereiteten Zustand (PR) - Messung zwei (POS) nach den Dehnübungen - 10 Minuten Laufband - Thermometer zur Ermittlung der Aufwärmtemperatur - Messung drei (POR) nach dem Laufen - Kraftmessung der Wadenmuskulatur durch piezoelektrsichen Kraftaufnehmer
Untersuchungsdesign	- Aufteilung der Stichprobe in zwei Gruppen (29 Sportstudenten und 17 Leichtathleten) - Längsschnittstudie	- Längsschnittstudie - drei statische Dehnübung der Wadenmuskulatur für 30 Sekunden

16

	- Statische Dehnübungen als Vorbereitung - fünf Sprünge pro Person = 1380 Sprungversuche	
Hauptergebnisse	Die vertikale Sprunghöhe fällt nach statischem Dehnen in einem aufgewärmten Zustand ab. Speziell bei der Testgruppe der Sprinter ist ein Abfall der Kraft durch die Messung zu erkennen.	Nach einer Einheit in Form von passivem Dehnen, zeigt sich bei der Messung eine Abnahme des Kraft-Zeit Impuls. Eine Leistungssteigerung aufgrund des Dehnens konnte nicht nachgewiesen werden.

Die Studien befassen sich in ihrer Untersuchung mit der Plantarflexion der Wadenmuskulatur. Sie unterscheiden sich jedoch in ihrem Aufwärm- und Dehnprogramm. Studie A befasst sich mit der statischen Dehnmethode und Studie B mit der passiven Methode. Die Ergebnisse zeigen, dass in beiden Studien ein Abfall Messbar ist. In Studie A zeigt sich der Abfall in Form der gemessenen Sprunghöhe und in Studie B ein Abfall des Kraft-Zeit Impuls. Studie B hat sich zudem auch mit der Leistungssteigerung befasst, jedoch konnte keine Steigerung gemessen werden.

6 Literaturverzeichnis

Chwilkowski, C. (2006). Medizinisches Koordinationstraining – Verbesserung der Haltungs- und Bewegungskoordination durch Propriozeption (2. Aufl.). Köln: Deutscher Trainer Verlag.

Denner, Achim (1997): Muskuläre Profile der Wirbelsäule. Berlin, Heidelberg: Springer Berlin Heidelberg.

Fatouros, I. G., Taxildaris, K., Tokmakidis, S. P., Kalapotharakos, V., Aggeloussis, N., Athanasopoulos, S. et al. (2001). The effects of strength training, cardiovascular training and their combination on flexibility of inactive older adults. International journal of sports medicine, 23, 112–119.

Häfelinger, U. & Schuba, V. (2007). Koordinationstherapie - propriozeptives Training (Wo Sport Spaß macht, 3., überarb. Aufl). Aachen: Meyer & Meyer.

Hennig, E. & Podzielny, S. (1994). Die Auswirkungen von Dehn- und Aufwärmübungen auf die Vertikalsprungleistung. Deutsche Zeitschrift fŗ Sportmedizin, 45 (6), 253-260.

Janda, V. (2000). Manuelle Muskelfunktionsdiagnostik (4. Aufl.). München: Urban & Fischer.

Marschall, F. (1999). Wie beeinflussen unterschiedliche Dehnintensitäten kurzfristig die Veränderung der Bewegungsreichweite? Deutsche Zeitschrift für Sportmedizin, 50 (1), 5–9.

Rosenbaum, D. & Hennig, E. M. (1997). Veränderung der Reaktionszeit und Explosivkraftentfaltung nach einem passiven Stretchingprogramm und 10minütigem Aufwärmen. Deutsche Zeitschrift für Sportmedizin, 48 (3), 95-99.

Olivier, N., Marschall, F. & Büsch, D. (2008). Grundlagen der Trainingswissenschaft und -lehre. Schorndorf: Hofmann.

Josef Wiemeyer: Dehnen - eine sinnvolle Vorbereitungsmaßnahme im Sport? Kritische Diskussion kurz- und langfristiger Effekte des Dehnens im Rahmen von Aufwärmprozeduren. In: *Spektrum 14* (1).

7 Tabellenverzeichnis